Eberhard Zirngiebl

Peter Arbues und die spanische Inquisition

Historische Skizze, zugleich Erläuterung zu W. von Kaulbach's Bilde

'Arbues'

Eberhard Zirngiebl

Peter Arbues und die spanische Inquisition
Historische Skizze, zugleich Erläuterung zu W. von Kaulbach's Bilde 'Arbues'

ISBN/EAN: 9783743683983

Hergestellt in Europa, USA, Kanada, Australien, Japan

Cover: Foto ©ninafisch / pixelio.de

Weitere Bücher finden Sie auf **www.hansebooks.com**

Peter Arbues

und die

spanische Inquisition.

Historische Skizze,

zugleich

Erläuterung zu W. v. Kaulbachs Bilde „Arbues".

———————

München.

Theodor Ackermann.

1870.

Die letztverflossene Canonisationsfeierlichkeit zu Rom hat den Gebildeten der Christenheit ein Stück Weltgeschichte und das charakteristische Bild eines Mannes jener geistig-finstern und religiös-fanatischen Zeit wieder wachgerufen, welche beide doch viel besser für Rom selbst der Vergessenheit überlassen geblieben wären. Rom hat den Spanier Peter Arbues de Epila in unserm für Toleranz und Humanität ringenden Jahrhundert unter seine Heiligen aufgenommen und zwar nach der hiebei erlassenen Allocution in der ausdrücklichen Intention: „es handle sich hier darum Helden der Kirche heilig zu sprechen, von denen viele mit rühmlichem Wetteifer zur Vertheidigung des apostolischen Stuhles, des Sitzes der Wahrheit und der Einheit, zur Rettung der Glaubenseinheit, oder um die vom Schisma der Kirche Entrissenen wieder zurückzuführen, gekämpft und den Tod erlitten haben." Es hat dem Werk Alexander' VII. die Krone aufgesetzt, der Peter Arbues selig sprach, weil er „treu und mit dem höchsten Eifer für den katholischen Glauben das Amt eines Inquisitors führte". Kann irgend eine Thatsache dafür bezeichnender sein, wie noch in unsern Tagen allen bittern Erfahrungen zu Trotz und Hohn Rom den Geist des Christenthums erfasst! Oder was anderes bedeutet die Verherrlichung des Arbues, als

1.*

eine glänzende Genugthuung und feierliche Rehabilitation der spanischen Inquisition in der Werthschätzung der Kirche! Ein unermüdlicher Verfolger der Ketzer (acerrimus persecutor haeresum) — nicht mittelst einer gründlichen Widerlegungsgabe, sondern durch Spionage, Vermögensconfiscation, Tortur und verschiedene Sorten Autodafé's — wird zu einem Dulder für das Bekenntniss der Lehre Christi, zu einem christlichen Märtyrer gestempelt, den die ewige Liebe nach seinem Tode der Wundergabe gewürdigt haben soll.

Es ist ein trübes Bild und wahrlich keines heiligen Mannes würdig, welches in diesen wenigen Zeilen schon enthalten ist; aber das Bild eines solchen Mannes ist eben nicht in dem der Person selbst zufallenden Werthe auszuführen und zu würdigen ohne Kenntnissnahme des seiner Zeit herrschenden Geistes. Aber auch ein solcher Zeitgeist, wenn er so prägnant-charakteristisch ist, wie die Jahrhunderte der Unduldsamkeit und Inquisition, des Aberglaubens und der Hexenprocesse innerhalb des Entwicklungsganges der christlichen Welt, hat seine tiefliegenden Ursachen, die gleichfalls nicht übergangen werden dürfen. Diese Ursachen aber lassen sich ohne viele Mühe in der der römisch-katholischen Kirche seit den ältesten Zeiten anhaftenden Lehre von der ausschliesslichen Seligkeit finden.

Es ist ein Lieblingsbild der Kirchenväter, dass die Kirche eine einsame Arche sei, welche auf einem grenzenlosen Meere des Verderbens umherschwimme. Innerhalb ihres geschlossenen Raumes sei Seligkeit, ausserhalb desselben Seligkeit unmöglich. „Ohne die Kirche, sagt Origines, wird Niemand selig." „Niemand,

sagt der heil. Augustinus, gelangt zur Seligkeit und
zum ewigen Leben, ausgenommen der, welcher Christus
zu seinem Haupte hat; aber Niemand kann Christus
zu seinem Haupte haben, ausgenommen der, welcher
in seinem Körper, der Kirche, ist." „Haltet sehr fest,
fügt der heil. Fulgentius hinzu, und zweifelt nicht,
dass nicht blos alle Heiden, sondern auch alle Juden,
Ketzer und Schismatiker, die aus diesem Leben ausserhalb der katholischen Kirche scheiden, in das ewige
Feuer niederfahren müssen, das für den Teufel und
seine Engel bereitet ist." Und die Synode von Zerta
i. J. 412 erklärte aus demselben Geiste: „Wer von
der katholischen Kirche getrennt ist, so unschuldig
sein Leben auch sein mag, für das Verbrechen allein,
dass er sich von der Einheit Christi getrennt hat,
wird er kein Leben haben, sondern den Zorn Gottes
über sich."

Die schädlichen Wirkungen solcher Lehre von
der ausschliesslichen Seligkeit blieben nicht aus; die
schädlichste war natürlich die religiöse Verfolgung.
Sie ist die unmittelbare praktische Folge, wenn Menschen
von einem tiefen und überzeugenden Glauben durchdrungen sind, dass ihre eigene Ansicht in einer be-
strittenen Frage über alle Möglichkeit des Irrthums
erhaben ist, wenn sie ferner glauben, dass Diejenigen,
welche sich zu andern Ansichten bekennen, von dem
Allmächtigen zu einer ewigen Qual werden verdammt
werden, der sie bei demselben sittlichen Charakter,
aber mit einem andern Glauben würden entgangen
sein. Und die Verfolgung also überzeugter Menschen
wird stets der Macht und dem Eifer entsprechen,
welche diese Menschen selbst besitzen.

Schon in den ersten christlichen Jahrhunderten offenbarte sich, dem Mass der Macht und des Eifers entsprechend, der Geist der Verfolgung im Christenthum wider das Heidenthum und wider christlich-dogmatische Widersacher; doch waren glücklicherweise noch diese Fanatiker zumeist von jener Ansicht in der Kirche zurückgehalten, deren Hauptvertreter Tertullian und Lactantius waren, dass nämlich ein Christ unter keinen Umständen seinen Mitmenschen tödten dürfe, sei es durch Beschuldigung eines Capitalverbrechens, oder in der Eigenschaft als Richter, Soldat oder Henker. Mit dem unterdrückten Heidenthum im römischen Reiche verschwand selbstverständlich nicht aus der christlichen Welt jener Geist, aus welchem die religiöse Verfolgung ihr Leben empfängt; das Prinzip wurde vollständig festgehalten, nur wurde es selten in Anwendung gebracht, weil hiezu wenig Gelegenheit sich bot — in einer Zeit, in welcher der Katholicismus in völliger Uebereinstimmung mit den geistigen Bedürfnissen Europa's war.

Aber der Geist der Weltgeschichte kennt keinen Stillstand. Offenbar nur durch die Unterdrückung jedes kritischen Geistes, durch eine vollständige Lähmung aller speculativen Geisteskräfte konnte dieser apathische Zustand in die Länge bestehen, und der Zersetzungsprocess fing mit den ersten fühlbar werdenden Pulsschlägen des intellektuellen Lebens an. Die Vertreter des kirchlichen Conservatismus wurden die natürlichen Gegner der Neuerer und zwar ganz der Stellung entsprechend, welche der Katholicismus sich unter den romanischen und germanischen Völkern errungen hatte, und welche immer mehr als im Bischof

von Rom centralisirt und culminirend heraustrat. Im
Laufe des zwölften Jahrhunderts that sich dieser
Wechsel kund und im Beginn des nächsten Jahrhunderts war das System der Unterdrückung gereift.
Im Jahre 1208 gründete Innocenz III. die Inquisition;
1209 begann Simon de Montfort die Niedermetzelung
der Albigenser; im selben Jahre schärfte das Concil
von Avignon allen Bischöfen ein, die weltliche Macht
zur Ausrottung der Ketzer anzuhalten, und verpflichtete
das vierte Lateranconcil (1215) alle Herrscher, die
für gläubig zu gelten wünschten, einen öffentlichen
Eid abzulegen, dass sie ernstlich und bis zur vollen
Ausdehnung ihrer Gewalt sich bemühen würden, aus
ihrem Reiche alle die auszurotten, welche von der
Kirche als Ketzer gebrandmarkt würden. Und die
Bulle Innocenz' III. bedrohte jeden widerwilligen
Fürsten mit dem Kirchenbanne und Verlust seiner
Herrschaft. Was dies Verhältniss sehr verschärfte,
war der schwerwiegende Umstand, dass der Wider-
wille gegen Blutvergiessen, der die Kirchenväter so
ehrenhaft ausgezeichnet hatte, gänzlich verschwunden
war, oder, wenn man ja eine Spur davon findet, es
nur in der Spitzfindigkeit ist, mit der die Kirche die
Ausführung ihrer Erlasse den weltlichen Richtern
überwies, denen bei Bannesstrafe nicht gestattet war,
die Hinrichtung länger als sechs Tage aufzuschieben.
Das Urtheil eines heil. Thomas von Aquin ist wohl
für jene Zeit charakteristisch. „Wenn Geldfälscher,
sagt derselbe in seiner Summa (P. II. qu. XI. art. III),
oder andere Uebelthäter ohne Verzug durch die weltlichen Herrscher dem Tode übergeben werden, um
wie viel mehr dürfen Häretiker nicht nur excom-

municirt, sondern sogar mit Recht getödtet werden." Während vieler Jahrhunderto war beinahe ganz Europa mit Blut überschwemmt, das entweder auf direktes Anstiften oder mit der vollsten Billigung der kirchlichen Autoritäten, oder unter dem Druck einer öffentlichen Meinung vergossen wurde, welche die katholische Geistlichkeit leitete und welche das genaue Mass ihres Einflusses war. Nach Errichtung des Dominikanerordens umfasste der Flächenraum der Verfolgung fast die ganze Christenheit und schreckte dieser unduldsame Geist selbst vor der absurdesten Consequenz nicht zurück: Am 16. Februar 1568 verdammte ein Urtheilsspruch des heil. Officiums alle Einwohner der Niederlande, drei Millionen Menschen, Männer, Frauen und Kinder, als Ketzer zum Tode. Nur wenige namentlich aufgeführte Personen wurden von der allgemeinen Verdammniss ausgenommen. Ein zehn Tage später datirter kgl. Erlass bestätigte dieses Dekret der Inquisition und befahl seine sofortige Ausführung. Glücklicherweise ist solches rascher befohlen, als ausgeführt; es war ohnedies an Bluthochzeiten in den Niederlanden kein Mangel. An wahnsinnigem Fanatismus steht diesem Blutbefehle rühmlich zur Seite eine Behauptung des Repertorium Inquisitorum, dass, wenn einige Ketzer in einer Stadt sich befänden, die ganze Stadt deshalb füglich in Brand gesteckt werden könne.

Man sieht, das Amt eines Inquisitors war ein anstrengendes; aber es forderte von seinem Manne nicht blos rastlose Thätigkeit, sondern auch ein durch Fanatismus eisengestähltes Herz wider Blut und den Schmerz

des zuckenden Opfers. Denn nicht eines raschen
schmerzlosen Todes durften die Opfer sterben, geradezu
sorgfältig ausgesucht wurden die qualvollsten Todes-
arten, die martervollsten Todesqualen, die im Foltern
erfindungsreiche Gemüther nur erdenken konnten. Im
mittelalterlichen Christenthum wurde von der Tortur
in einer Ausdehnung Gebrauch gemacht, die wahr-
scheinlich ohne Gleichen in irgend einer früheren Periode
war, und in Fällen, die der gerichtlichen Untersuchung der Geistlichkeit anheimfielen, wurde sie bei jeder
Klasse der bürgerlichen Gesellschaft angewandt. Das
ausserordentliche Raffinement der mittelalterlichen Tor-
turen, die wunderbare Mannigfaltigkeit der Folterarten,
die künstlerische Geschicklichkeit in Handhabung derselben (man schlage nur den Tractatus de Quaestionibus
des Marsilius, die Praxis Interrogandorum Reorum des
Chartario, Simancas' Werk De Catholicis Institutioni-
bus, Eymericus' Directorium Inquisitorum, Llorente's
Histoire critique de l'Inquisition u. a. m. nach) geben
aufs evidenteste Zeugniss, dass die mittelalterlichen
Inquisitoren alle Quellen des höchsten Scharfsinns über
den Gegenstand aufgeboten und ihn mit leidenschaft-
lichem Eifer verfolgt hatten. Es ist bezeichnend für
den Geist der Zeit, dass die Päpste Innocenz IV und
Clemens IV. in Bullen die Prüfungsart der Tortur
ausdrücklich einschärften; dass der sicilianische Inquisitor Paramo so weit geht, die Inquisition mit dem
frommen Samaritaner zu vergleichen, indem ja auch sie
in die verwundeten Länder den Wein von einer kräf-
tigen Strenge, gemischt mit dem Oel der Gnade, giesse;
dass man mit raffinirter Scheinheiligkeit erst zur
Regel machte, es dürfe die Tortur nicht wiederholt

werden, dann aber die Ausflucht ersann, man dürfe
sie drei Tage hintereinander fortsetzen. ·

Doch selbst in solchen gesteigerten Folterqualen
und vor dem lodernden Scheiterhaufen fand die Rache
der Kirche wider ihre Abtrünnigen die Befriedigung
nicht. Das Verbrechen des Ketzers galt zu jener
Zeit als so gross, dass (nach Paramo) etwas von seiner
Unlauterkeit allen seinen Verwandten anhafte, und
diese mit Recht durch eine Confiscation des gesammten
Eigenthums nicht bereuender Ketzer in Mitleidenschaft
gezogen werden. Die Kinder behielten nur in dem
einzigen Falle ihr Erbtheil, wenn sie selbst ihre Eltern
verrathen hatten. Es ist gewiss für jedes fühlende
Herz tief erschütternd, wenn man sich des Gedankens
nicht erwehren kann, dass auf diese Weise die Kinder
der Ketzer ganz und gar entblösst zurückblieben, oder
zu Schurken an ihren eigenen Eltern werden mussten.
Noch erschütternder aber dürfte dieses schmerzen-
reiche Schauspiel sich darstellen, wenn man die folgende Reflexion auf sich einwirken lässt: Der Gedanke,
was die Mutter, das Weib, die Schwester, die Tochter
des Ketzers durch die Lehre, es seien die Todesqualen
dieser Opfer der alleinseligmachenden Kirche nur das
Vorspiel der ewigen Qualen im Jenseits, gelitten haben
muss, ist eben geradezu entsetzlich. Sie sah den
Körper dessen, der ihr theurer als das Leben war,
verrenkt und sich winden in zuckendem Schmerze,
sie beobachtete, wie das langsame Feuer von Glied
zu Glied schlich, bis es ihn mit einer Schmerzenshülle
umgeben hatte; und wenn schliesslich der letzte
Angstschrei verklungen und der gemarterte Leib ruhig
war, sagte man ihr, dass all' dieses dem Gotte, dem

sie diene, wohlgefällig, und dass dieses nur ein schwaches
Abbild der Leiden sei, die der erste Inquisitor (so
nennt Paramo gotteslästerlich den Urquell der Liebe)
durch alle Ewigkeit über die Todten verhängen werde.
Nichts wurde gespart, dieser Lehre Nachdruck zu
geben; sie erscholl von jeder Kanzel; sie wurde über
jeden Altar gemalt. Der spanische Ketzer wurde
zum Scheiterhaufen in einem Kleide geführt, das mit
Darstellungen von Teufeln und fürchterlichen Folterqualen bedeckt war, um die Zuschauer bis zu aller-
letzt an die Verdammniss zu erinnern, die seiner
wartete. Und damit ja kein Vergessen und keine
Verjährung eintrete, wurden die Sanbenitos (die Ge-
wänder, welche die zur Abschwörung Verurtheilten
hatten tragen müssen) nach dem Tode der Träger
oder ihrer Begnadigung mit ihrem Namen versehen,
in den Kirchen wie Votivbilder aufgehängt, so dass
der Enkel noch an jedem Sonntag die Schmach, welche
seinen Grossvater getroffen, vor Augen haben musste.
Zu diesem schmerzlichsten aller Mitgefühle gesellte
sich endlich das nicht minder erdrückende Gefühl der
eigenen Verlassenheit; denn an den Nachkommen blieb
ein Schandflecken haften, der im XV. und XVI. Jahrhundert genügte, sie von aller Sympathie, von allem
Wohlwollen und von aller Hoffnung auszuschliessen.
Den Söhnen und Töchtern eines solchen Opfers blieb
als einziges Erbtheil öffentliche Schande, Ehrlosigkeit
und Unfähigkeit zu Aemtern und Pfründen. Und
diesen Schmerz der Zurückbleibenden durchkämpfte
gewiss nicht minder der Märtyrer selbst in dem Ge-
danken, dass er seine Liebsten im Leben dem Hun-
gertode oder einem prostituirten Leben zurücklasse.

Um das Gemälde zu vollenden, braucht man nur hinzu-
zufügen, dass alles dies im Namen des Lehrers geschah, der gesagt hat: „Daran sollen alle erkennen,
dass ihr meine Jünger seid, dass ihr euch unter ein-
ander liebet."

Die Inquisition war schon früh, schon im XIII.
Jahrhundert, im nördlichen Spanien eingeführt worden,
und hatte damals, da Katharer und Waldenser sich
auch hier ausgebreitet hatten, zahlreiche Opfer ge-
fordert. Auch im XIV. Jahrhundert gab es hier Inquisitoren des Dominikaner- und des Minoritenordens in
nicht geringer Zahl. Im Jahre 1233 versandte der
Erzbischof von Tarragona die gegen die Häretiker
gerichtete Bulle Gregor' IX. an den Dominikaner-
provincial und Bischof von Lerida, in welcher Stadt
sofort das erste Inquisitionstribunal etablirt wurde.
Drei Jahre später fand die Inquisition Eingang in
Castilien, bald darauf (1238) in Navarra und (1242)
in der Diöcese Barcelona; 1254 beauftragte Innocenz
IV. die Dominikaner von Lerida, Barcelona und Per-
pignan, den König von Aragonien mit Inquisitoren zu
versehen. Während des XIV. Jahrhunderts sah Spanien
verschiedene Autodafé's. Aber alle diese Anfänge
halten keinen Vergleich aus, was Energie und Raffinement betrifft, mit jener Periode der spanischen Inquisition, welche Ferdinand und Isabella einge-
leitet und in Scene gesetzt haben. Einerseits waren
vor dieser Periode die erst kürzlich der moslimischen
Herrschaft entrissenen südlichen Provinzen noch frei
von derartigen Tribunalen, und andrerseits hatte man
häufig Inquisitoren nur nach vorübergehendem localen
Bedürfniss ohne Permanenz und ohne die Form eines

stehenden Gerichtshofes, aufgestellt. Ja erst im Jahre
1420 hatte der Adel von Valencia den Bemühungen
des Königs Alphons V., die Inquisition hier einzu-
führen, drei Monate lang energisch widerstanden.
Was in Spanien seit Ferdinand und Isabella
der Inquisition jenen schauderhaften Charakter gab,
bei dessen Schilderung jedes fühlende Menschenherz
bis ins Innerste erbebt, hat seinen Grund darin, dass
sich religiöser Fanatismus und Herrschsucht und Habgier
zu einem wohl organisirten Raubzug verbanden. Die
Situation war folgende: Ferdinand und Isabella,
die gemeinschaftlichen Beherrscher Spaniens, waren in
steter dringender Geldnoth, zu welcher ihre grossen Ent-
würfe und weitaussehenden Kriege sicherlich das Ihrige
beitrugen. Hernando del Pulgar hat anschaulich
geschildert, wie die Königin Schulden auf Schulden
häufte und erst die Städte um gezwungene Anlehen,
dann selbst einzelne Edelleute, Frauen, Jeden der nur
Etwas besass, halb bittend, halb befehlend, um Vor-
schuss anging. Ferdinand hatte seinerseits in Auf-
legung neuer Steuern, auch auf den Klerus, die
äusserste Grenze erreicht. Der Krieg verschlang
Alles. Noth aber macht erfinderisch; und auch Ferdinand und Isabella fanden endlich einen Ausweg.
Sie benützten den fanatischen Hass der Spanier wider
die getauften und ungetauften Juden und das römisch-
katholische Institut der Inquisition zu ihren Zwecken,
um hiebei „zur grösseren Ehre Gottes" ihren Säckel
zu füllen.

Die Juden, schon zur Zeit der Maurenherrschaft
und auch noch längere Zeit unter den christlichen
Königen, bürgerlich frei und von grossem Einfluss als

Finanzmänner, Aerzte und Gelehrte, bildeten auf der Halbinsel ein festorganisirtes Gemeinwesen, einen Staat im Staate. Reich und industriell und wohlerfahren in allen Künsten des Wuchers und der Geldwirthschaft, wurden sie bis ins XIV. Jahrhundert hinein von den Königen beschützt und begünstigt, von dem Volk aber grimmig gehasst. Achthundert Jahre des Glaubenskampfes nämlich hatten einen fanatischen Zug in den Charakter der Nation gebracht und die Spanier mit grimmigem Hasse gegen Juden und Moslims erfüllt; der Hass gegen fremden Glauben wurde ihnen identisch mit dem gegen fremde Nationalitäten. Neid und beleidigter Stolz gesellten sich noch dazu, um ihn möglichst zu steigern und zu vergiften. Endlich (1391) entlud sich dieser Hass in einem furchtbaren, fast gleichzeitig in allen Theilen Spaniens über die Juden verhängten Blutbade. Sie wurden zu Tausenden erschlagen, beraubt und ihre Synagogen in christliche Kirchen umgewandelt. Gegen 35,000 Juden retteten sich damals nur durch rasche Annahme der Taufe, und in Folge harter peinigender Gesetze gegen das unglückliche Volk wuchs die Zahl solcher erzwungener Bekehrungen in kurzer Zeit zu einer ansehnlichen Höhe. Aber das Volk glaubte nicht an die Aufrichtigkeit dieser Bekehrungen; es sah fort und fort nur versteckte Juden in diesen Neuchristen (Marranen genannt). Und neuerdings (1472) brach ein von Stadt zu Stadt sich fortwälzender blutiger Aufstand aus, in welchem es nun den Marranen wie früher den ungetauften Juden erging; Leichname der Erschlagenen lagen zu Tausenden in den Häusern und auf den Strassen. So hatten Stammeshass, religiöser Argwohn, Neid und Habgier

(die Neubekehrten gehörten nämlich grösstentheils zu
den Reichen) eine Stimmung erzeugt, welche der
kluge Ferdinand im rechten Zeitpunkt zu benützen
verstand; waren ja doch gerade die Christen jüdischer
Abkunft als Hauptgläubiger auch für die Könige sehr
unangenehm geworden, welche nach der ganzen Lage
der Dinge völlig ausser Stand sich befanden, die em-
pfangenen Vorschüsse und Anlehen zurückzustatten,
oder die wucherischen Zinsen davon zu entrichten.
Was konnte also dem Königspaare Ferdinand
und Isabella erwünschter kommen, als gerade der
Antrag des päpstlichen Nuntius, Niccolo Franco,
Bischofs von Treviso, und des Dominikanerpriors
Alphons de Ojeda zu Sevilla, als zeitgemäss mit
der Errichtung der Inquisition zunächst gegen die
Neubekehrten vorzugehen, — wenn sie sich dabei die
von den Päpsten eingeführte Confiscation und das so
einträgliche Processverfahren gegen Verstorbene als
damit innig verbunden ins Gedächtniss riefen. Der
Papst, Sixtus IV. nämlich, gestattete ohne Bedenken
dem spanischen Herrscherpaare auf ihre Bitte (1479)
die Aufstellung von zwei Inquisitoren in Sevilla. Wenn
nun auch der Papst sich anfänglich nicht zu umfang-
reicheren Geständnissen herbeilassen wollte, wenn er
sogar, als die ersten Inquisitoren mit unmenschlicher
Grausamkeit ihr Amt verwalteten, erschreckt Massregeln gegen derartige Ausschreitungen ergriff: so be-
reute er doch bald diesen Anlauf, den er zur Milde-
rung der Verfolgung genommen, weil er fürchtete, mit
den königlichen Interessen in Conflikt zu kommen,
und ernannte den ihm vom Königspaare vorgeschlagenen
Dominikaner Torquemada zumGrossinquisitor. Sieben

Männer desselben Ordens hatte er schon früher auf
den Vorschlag des Hofes als Glaubensrichter ernannt.
Die Gründe, welche den Papst so willfährig gegen
jedes Begehren Ferdinands machten, sind wahrlich
nicht ideeller Natur gewesen. Es war dem Papst
vor allem um die Beseitigung derjenigen königlichen
Edikte zu thun, durch welche bisher die päpstliche
durch Ernennungen und andere Anordnungen in
Spanien geübte Vollgewalt beschränkt worden war;
und Torquemada wurde namentlich dahin ange-
wiesen, beim König auf Hebung der Hindernisse hinzu-
wirken, welche derselbe den vom Papste nach Spanien
gesandten Geldeinsammlern und der für die päpstliche
Kammer höchst einträglichen Cruzada bereitet hatte.
Torquemada und Ferdinand verstanden sich
vollkommen und sie unterliessen nichts, was nur immer
dienlich sein konnte, um das Institut als Werkzeug
der Fiskalität und des königlichen sowohl als des
päpstlichen Absolutismus unwiderstehlich zu machen.
Denn während Ferdinand sich und seine Zwecke
bedachte und dieselben namentlich dadurch förderte,
dass der königliche Fiskus (mit Abzug der Kosten der
Inquisition und der Besoldung ihrer Mitglieder) alles
bewegliche und unbewegliche Eigenthum der Verurtheilten oder Entwichenen bis auf den Hausrath herab
für sich allein in Anspruch nahm: sorgte Torquemada, dass auch die römische Curie nicht zu kurz
kam. Gar bald erschlossen sich für die römische
Curie auf jenen Gebieten, welche der königlichen
Habgier nicht zugänglich waren, nicht minder reiche
Goldquellen; und lang ersehnte Gerechtsamen, Indulgenzen, zahllose Dispensationen, die Verleihung einer

Menge von Kirchenpfründen und die grosse Anzahl
der in Rom zu führenden Processe wurden sehr einträgliche Geschäfte. Ferdinand und Isabella liessen
es geschehen, dass die vom Vortheil des römischen
Fiskus erfundenen Missbräuche, gegen welche andere
Nationen und die grossen Concilien des Jahrhunderts
energisch gekämpft hatten, nunmehr auch in Spanien
eingeführt wurden.

Der Grossinquisitor Torquemada, durch seinen
Eifer in massenhaften Hinrichtungen und Vermögens-
confiscationen (man hat die Zahl von 8000 Hingerichteten zusammengezählt) alle bisherigen Leistungen
weit überbietend, begann alsbald, von 250 Mann als
Leibwache begleitet, seine Rundreise in Spanien, um
die neuen Gerichtshöfe nach der Anleitung des Direc-
toriums von Eymericus, des (1376) zu Avignon ver-
fassten Gesetzbuches der Inquisition, zu organisiren;
und binnen wenigen Jahren befanden sich solche
Glaubenstribunale in allen grösseren Städten Spaniens.
Wohl erfolgte die Einführung nicht ohne Widerstand,
wie sich in Valencia, Barcelona, Lerida, Teruel zeigte,
aber vor der zusammenwirkenden päpstlichen und
königlichen Macht musste alles sich beugen; denn
auch die auf Sixtus IV. folgenden Päpste empfanden
keine Reue, sie gewährten im Gegentheil den Königen
ihre mächtige Hülfe dabei. Innocenz VIII. befahl
sogar — freilich wirkungslos — (1487) allen Monarchen,
die aus Spanien Entflohenen in Haft zu nehmen; und
Alexander VI. sagte dem Torquemada (1496)
die schmeichelhaftesten Dinge über die „unermess-
lichen" Arbeiten, denen er sich für das Geschäft des
Glaubens unterzogen habe, und versicherte ihm, er

2

sei ihm dafür mit inniger Liebe zugethan. Die fiskalische Natur des ganzen Instituts aber tritt in den Instructionen vom Jahre 1484, welche in 28 Artikeln allen Inquisitoren eingehändigt wurden, und in dem um 1492 entstandenen Repertorium Inquisitorum in grellster Weise zu Tage. Wer sich z. B. binnen einer gewissen Frist selbst anklagte, dem wurde zwar das Leben geschenkt, aber er ward zu Strafgeldern verurtheilt, welche „zum hl. Krieg" gegen Granada oder zu ähnlichen frommen Zwecken verwendet werden sollten. Alle dagegen, welche nach dem kurzen Gnadentermin mit Busse und Abschwörung entlassen wurden, unterlagen der Vermögensconfiscation. Reuige, welche nach dem Urtheil der Inquisition schwer sich vergangen hatten, wurden zu ewigem Kerker verurtheilt. Vermuthete aber der Inquisitor, dass eine Abschwörung nicht aus Bekehrung hervorgegangen, so sollte er den Unglücklichen verbrennen lassen.

Es ist gewiss interessant, wenigstens ein paar der Fälle kennen zu lernen, in denen ein Mensch der Inquisition angezeigt werden musste. Wer am Samstag ein frisches Hemd oder einen besseren Rock angelegt, oder ein weisses Tuch auf seinen Tisch gedeckt, oder ein Feuer anzuzünden unterlassen hatte, war des heimlichen Judenthums dringend verdächtig, — auch Derjenige, welcher etwa vor dem Schlachten die Klinge seines Messers untersucht, oder sich mit Juden zu Tisch gesetzt oder gar mit ihnen gegessen hatte. Bei der so grossen Zahl von Fällen, in denen man anzeigen musste, um nicht selbst verdächtig zu werden und dann das Härteste über sich ergehen lassen zu müssen,

wurden Furcht und gegenseitiger Argwohn die herrschenden Gefühle. Die nächsten Blutsverwandten schenk-
ten sich kein Vertrauen mehr. Später kam es so weit,
dass, wer auch nur Mitleid mit dem Opfer der Inquisition hatte, straffällig wurde.

Die wichtigste Eigenthümlichkeit der spanischen
Inquisition war die monarchisch concentrirte Verfass-
ung, die sie erhielt. Ein oberster Inquisitionsrath
(genannt Consejo de la Suprema) wurde gebildet,
dessen Präsident stets der Oberinquisitor war; diesem
standen drei geistliche Beisitzer zur Seite, von denen
zwei Doctoren der Rechte sein mussten, die das königliche Interesse bezüglich der Confiscationen zu
wahren hatten. Im Uebrigen waren die Inquisitoren
als Delegirte des Papstes in allen Sachen der geistlichen Gewalt nur diesem allein verantwortlich, so dass
selbst der König nicht in ihr Verfahren eingreifen
durfte. Der Grossinquisitor allein, an Stelle des Papstes,
ernannte die Inquisitoren, setzte sie ab und hielt sie
und ihre Tribunale in vollständiger Abhängigkeit.
Durch diese Organisation erhielt das Glaubenstribunal
eine feste Einheit und Concentration, kraft deren sich
sein Organismus über ganz Spanien gleichmässig er-
streckte und das Land mit einem unzerreissbaren, von
Einer Hand gehaltenen und angezogenen Netze umstrickt
hielt. Wie ein unersättlicher Vampyr lag das Institut
über dem Lande. Wer wohlhabend war oder Feinde
hatte, befand sich wahrlich in keiner beneidenswerthen
Lage. War es doch so leicht, verabredetermassen
durch gleichlautende Aussagen einen Menschen in
Untersuchung und auf die Folter zu bringen. Ueber
die Menge falscher Zeugen finden sich häufig Klagen,

2*

aber nur selten Fälle einer Bestrafung. Da stets nur geheime Denuntiation, nie regelmässige Anklage statt-fand, so war der Angeber sicher, dass sein Name nicht genannt, ein Beweis seiner Angabe ihm nicht auferlegt, überhaupt aus seinen Angaben ihm kein Nachtheil erwachsen werde, wenn er sich vor allzu handgreiflicher Verläumdung hüte. Sodann bildete der Hohe Inquisitionsrath am Hofe des Königs eine Alles überwachende und in gewissen Fällen als Ap-pellationsinstanz fungirende Behörde, welche zugleich Weisungen bezüglich einzelner Fragen und von Zeit zu Zeit allgemeinere Instructionen erliess. Endlich war der Einfluss der Könige auf die Inquisition ein ganz legaler, indem derselbe mittelst der beiden Or-gane, des Grossinquisitors, den der König designirte, der Papst ernannte, der also stets ein Mann war, auf dessen Ergebenheit der Hof rechnen konnte, und des Hohen Rathes, regelmässig geübt wurde — ein Ein-fluss, auf den die Könige um so eifersüchtiger waren, als das Glaubenstribunal zur Begründung und Be-festigung des königlichen Absolutismus und Centralis-mus auf den Ruinen der alten ständischen Freiheiten unentbehrlich war.

Schon die Wirksamkeit der ersten Jahre reichte hin, um das Glaubensgericht zum Gegenstand des allge-meinen Schreckens zu machen. Es kam bald dahin, dass Jeder schon bei der Nennung des gefürchteten Namens zitterte, dass man selbst unter Vertrauten davon zu reden vermied. Und man hatte guten Grund dazu. Schon der blosse Versuch eines Widerstrebens und eine einzige dem neuen Institute ungünstige Aeusser-ung genügte, um als der Häresie verdächtig einge-

zögen und einem Processverfahren unterworfen zu
werden. Ferner wurde gar bald im Namen dieses
Institutes jeglich Unerlaubtes ausgeführt, und es konnte
ausgeführt werden, da der Inquisitor auch beim verderblichsten Missbrauche seiner Gewalt fast nichts zu
fürchten hatte. So diente beispielsweise unter dem
Schirme des Grossinquisitors Deza, Erzbischofs von
Sevilla, dem Diego Rodriguez Lucero als Vor-
wand äusserster Grausamkeit wider die Christen israelitischer Abkunft die Behauptung, es beständen ins-
geheim Synagogen in Cordova, zu welchen der Satan
in Gestalt eines Ziegenbockes die Leute durch die
Lüfte aus allen Weltgegenden herbeiführe, darunter
Canonici, Mönche, Nonnen, die, während sie hier bei-
sammen sässen, zu Hause gespenstisch in ihrer ge-
wöhnlichen Gestalt gesehen würden. Und der Folter
war es ein Leichtes, Selbstgeständnisse von solchen
Absurditäten zu erzwingen. Derselbe Lucero und
seine Gehilfen liessen eigens Knaben und Mädchen
gewisse jüdische Gebetsformeln und Ceremonien ge-
waltsam einlernen, damit sie dann vor Gericht aus-
sagten, sie hätten sie bei den Personen, die man ver-
derben wollte, gesehen und gehört. Die Grausamkeiten,
die Lucero an eingekerkerten Frauen und Mädchen
verübt hatte, waren — nach Lafuente — von der
empörendsten Art. Und was geschah diesem Manne,
als eine unparteiische Untersuchung ergab, dass alle
seine Angaben erdichtet waren, dass die angeblichen
Synagogen gar nicht existirt hatten? Es wurde ver-
fügt, dass die gefällten Urtheile ganz ausgestrichen
werden sollten, zugleich aber auch erklärt, die Processe seien richtig formirt gewesen, Lucero sei ein

guter Richter und die Hingerichteten seien ganz ordnungsmässig verbrannt worden, da in allen Punkten
die Methode und Procedur des Inquisitions-Tribunals
eingehalten worden wären.

Die Art der Procedur war natürlich dem Institut
selbst vollkommen entsprechend. Den Eingezogenen
wurden, gemäss der längst bestehenden päpstlichen
Verordnung, die Zeugen nicht genannt; ja selbst von
den Aussagen erfuhren sie nur das, was nicht zum
Errathen der Zeugen führen konnte. Von dem Moment der Verhaftung an durfte Niemand den Gefangenen mehr sehen ausser den Inquisitoren und dem von
ihnen erwählten Beichtvater, und Niemand wagte auch
nur ein Wort für ihn zu sagen. Gab man dem Gefangenen einen Advokaten, so musste dieser erst
schwören, dass er Alles aufbieten wolle, ihn zur
Selbstanklage zu bewegen, und dass, sobald er selber
ihn für schuldig halte, er ihn preisgeben werde, so
dass die Instructionen ganz richtig sagten: im Grunde
sei es eine blos nominelle Frage, ob man dem Gefangenen einen Vertheidiger zu gestatten habe, oder
nicht. Sagte der ins Verhör Genommene nicht aus,
was der Inquisitor von ihm erwartete, so wurde zur
Folter geschritten. Widerrief der peinlich Befragte
seine durch Furcht oder durch die Folter ihm abgezwungene Aussage, so wurde er, wie der Bischof
Simancas von Badajoz (um 1590) als Regel aufstellte, als Unbussfertiger verbrannt. Hatte man auch
durch wiederholte Folter kein Geständniss zu erpressen
vermocht, so wurde der Angeschuldigte, mitunter auch
blos auf die Zeugenaussagen hin, verurtheilt. Das
Ende der Procedur war meistens Tod auf dem Scheiter-

haufen oder ewiger Kerker, von welch letzterer Strafe
Lucio Marineo meint, sie sei ein Beweis dafür,
dass „die Kirche die Mutter der Barmherzigkeit und
Quelle der caritas sei, welche Vielen, die es nicht ver-
dienten, das Leben schenke." Zu dieser caritas zählt wohl
auch die heuchlerische Vorgabe einer Fürbitte für
die, welche man den weltlichen Beamten zur Hinrichtung übergab, nachdem man doch vorher diesen
Beamten den Eid abgenommen hatte, das Urtheil der
Inquisition sofort zu vollziehen.

Das waren die Zustände, aus denen heraus die
Menschen der damaligen Zeit im grossen und ganzen
nach ihren Sitten, nach ihrem Glauben, kurz nach
ihrem gesammten Sein und Leben beurtheilt werden
müssen. Namentlich mussten diese verschrobenen,
dem wahren apostolischen Christenthum Hohn sprech-
enden Zeitideen bezüglich der Strafbarkeit des Irrthums und bezüglich des Rechtes, das Richteramt
hierüber zu üben und das Mass und die Strafe dem
Gottesgericht selbst vorgreifend festzusetzen, auf
diejenigen bestimmend einwirken, welchen die Auf-
gabe zugefallen war, zur Verwirklichung dieser Ideen
mit allen Kräften beizutragen. Und die Schilderung,
welche W. E. Hartpole Lecky in seiner „Geschichte
des Ursprungs und Einflusses der Aufklärung in
Europa" gibt, ist ebenso wahr als ergreifend. „Während
alle religiösen Gemüther jedes Landes und jeder Ansicht — sagt derselbe — in seinem Stifter das höchste
begreifliche Ideal und die Verwirklichung des Mit-
leidens und der Lauterkeit erkannt haben, ist es eine
nicht weniger unbestreitbare Wahrheit, dass die christliche Priesterschaft Jahrhunderte lang, mindestens gegen

die, welche von ihren Ansichten abwichen, eine Politik verfolgte, die einen Stumpfsinn und einen Mangel des menschlichen Mitgefühls in sich schloss, welche selten ihres Gleichen hatten und vielleicht niemals übertroffen worden sind. Von Julian, der bemerkte, dass keine wilden Thiere so grausam seien, wie böse Theologen, bis Montesquieu, der die Unmenschlichkeit der Mönche als ein psychologisches Phänomen erörterte, ist die Thatsache fortwährend anerkannt worden. Die Mönche, die Inquisitoren und die mittelalterliche Geistlichkeit im Allgemeinen zeigen einen besonders scharf ausgeprägten Typus, der in vielen Beziehungen höchst edel, aber fortwährend gebrandmarkt ist durch eine völlige Abwesenheit des reinen, natürlichen Gefühls. In Eifer, in Muth, in Ausdauer und Selbstaufopferung ragen sie weit über die Durchschnittsmasse der Menschheit, aber sie waren stets ebenso bereit Leiden zu bereiten, wie zu erdulden. Es waren dies die Menschen, die ihre Te Deums über die Niedermetzelung der Albigenser oder über die Bartholomäusnacht sangen, die die Kreuzzüge und die Religionskriege anfachten und anstachelten, die sich über das Blutbad freuten, und jeden Nerv zur Verlängerung des Kampfes spannten, wenn der Eifer der Krieger zu ermatten anfing, über die Schlaffheit des Glaubens trauerten und die von ihnen verursachten Leiden mit einer Genugthuung betrachteten, die ebenso gefühllos wie uneigennützig war. Es waren dies die Menschen, die die Anstifter und zugleich die Werkzeuge jener schrecklichen, weit verbreiteten Verfolgung waren, welche beinahe jede Provinz Europas mit Juden- und Ketzerblut befleckte und eine über-

legte Barbarei aufweist, die in der Geschichte der
Menschheit nicht ihres Gleichen hat."

Zu diesen Menschen voll greller Widersprüche
zählt unzweifelhaft auch Peter Arbues de Epila
— ein grausamer Inquisitor und ein nach seiner Art
frommer, tugendhafter Mönch zugleich, wie die Biographen versichern. Wir sagen ausdrücklich: nach
seiner Art; denn eine Frömmigkeit und Tugend, die
sich mit Grausamkeit wohl verträgt, ja gewissermassen
dieselbe hervorruft, muss doch absonderlichen Charakters sein. Sie bestand eben darin — und konnte
sich unmöglich höher erheben —, dass diese Gattung
von Menschen alle Punkte ihrer Ordensregel beobachtete, regelmässig ihr Brevier betete, anständig
ihre kirchlichen Funktionen verrichtete, grosse Rosen-
kränze trug, Reliquien im Schlafgemach hatte; dass
sie daneben aber sich nicht im geringsten bedachten
wegen Aeusserungen oder Handlungen, die heutzutage
nicht einmal eine Rüge im Beichtstuhl finden würden,
Männer, Frauen, Jungfrauen erst auf die Folter, dann
auf den Scheiterhaufen zu bringen. Ihr Sittlichkeits-
gefühl hielt sie nicht ab, sich zu Werkzeugen eines
Instituts zu machen, welches die schuldlosen Söhne
und Enkel wegen angeblicher Schuld der Väter be-
raubte, welches Tausende von wohlhabenden Familien
plötzlich in Noth und Elend versetzte, um die königliche Kasse zu bereichern; und dabei verfuhren sie
nach Regeln und Satzungen, welche allen in die
menschliche Brust gegrabenen Ideen von Gerechtigkeit und Billigkeit Hohn sprachen und Unzähligen
die Existenz auf Erden zur Hölle machten. Es sind
solche Menschen als einer unverschuldeten Glaubens-

verschrobenheit und herzlosem religiösen Fanatismus
verfallene Opfer in ihren edleren Gestalten unseres
innigsten Mitleides werth; hier hat aber sicherlich
unsere Werthschätzung das höchste Mass des Zuge-
ständnisses erreicht, denn eine Selig- oder Heiligsprechung solcher Männer kann nie und nimmer etwas
anderes sein, wie eine bedauerliche Satire auf Christus
und seine getreuen Jünger.

Peter Arbues erblickte um 1441 zu Epila,
einer Stadt Aragoniens, das Licht der Welt. Seine
Eltern waren angesehen. Der Vater hiess Antonio
de Arbues; seine Mutter, Sancia Ruiz, entstammte
der vornehmen Familie de Sabada. Von Jugend
auf wurde er zum Lernen und zur Frömmigkeit an-
gehalten. Er verbrachte — wie die Biographen be-
haupten — die Knabenzeit so, dass ihm in jenem
Alter nichts mehr, als sein Wissen und seine christlichen Tugenden zum Schmucke gereichten. Um die
Philosophie und Theologie zu studiren, begab sich
Peter Arbues nach Bologna, woselbst er in das
spanische Colleg als Alumnus eintrat. So berichten
die einen; andere hingegen lassen ihn vor seiner
Reise nach Bologna zu Huesca an der damals auf-
blühenden Universität Philosophie hören. Vorerst
erwarb er sich das Magisterium in der Philosophie,
im weiteren Verlauf (1473) erlangte er auch noch
die theologische Doctorwürde. Von seinem Geburts-
orte und diesem seinem theologischen Magisterium
nannte man ihn seiner Zeit gemeiniglich den Magister
von Epila. Nach seiner Rückkehr wurde er in das
Colleg der regulären Canoniker des Ordens S. Augu-
stini an der Metropolitankirche S. Salvatoris in Sara-

gossa gewählt und ihm (1476) die feierliche Profess abgenommen. Als nun jene Zeit kam, in welcher — wie die Acta Sanctorum besagen — der General- inquisitor Thoma de Turrecremata (Torquemada) fleissig nach Männern forschte, welche durch Tugend und Gelehrsamkeit hervorleuchteten, um ihnen das Geschäft von Inquisitoren an verschiedenen Orten sicher und würdig anvertrauen zu können, traf auch Peter Arbues die Wahl, da er an den benöthigten Gaben allen übrigen voranleuchtete. Und in der That täuschte sich Torquemada an diesem Manne nicht.

Unterm 4. Mai 1484 stellte der Grossinquisitor für Saragossa den Dominikaner Gaspar Inglar und den Canonicus Arbues als erste Inquisitoren auf; die höheren Beamten aber mit dem Justitia an der Spitze mussten in der Domkirche schwören, dem neuen Glaubenstribunale jeden Vorschub leisten und seine Urtheile vollziehen zu wollen. Die Aragonesen waren zwar bezüglich der Einführung eines Instituts, welches mit Güterconfiscation und geheimen Angebereien so eng verbunden blieb, ganz und gar nicht in Ueber- einstimmung mit den königlichen und päpstlichen Wünschen; sie knüpften Unterhandlungen am könig- lichen und päpstlichen Hofe an und liessen nichts unversucht; selbst zu beträchtlichen Geldopfern mach- ten sie sich erbötig, wenn nur die Confiscation, um derenwillen ja die ganze Verfolgung in Scene ge- setzt schien, beseitigt würde: aber alle Mühen er- wiesen sich als vergebliche — und die Processe und Hinrichtungen befanden sich bald in vollem Gange.

Als das Hauptwerkzeug der Verfolgung in Sara- gossa, nach dem Herzen des Generalinquisitors ein

ganzer Mann, ragt Peter Arbues hervor. Nur
sechzehn Monate dauerte seine inquisitorische Thätigkeit, aber diese Thätigkeit war derart vehement, dass
die Bedrohten, wie Blancas (Hispaniae etc. Script.
III., 706) erzählt, Tag und Nacht von grosser Angst
und Sorge gequält wurden. Täglich hielt er Gericht,
und zwar mit Fleiss, Klugheit und Aufmerksamkeit,
und er züchtigte, wie Mariana (Hist. gen. de Esp.
Val. 1795 XXV. C. 8 p. 275) sagt, ganz dem Amte
eines Inquisitors entsprechend die Schuldigen. Dasselbe bemerkt Lanuza in seiner Geschichte von Aragon, dass nämlich dieser „Diener Gottes" die Häretiker und im Glauben Verdächtigen mit grossem
Eifer verfolgte, entschlossen Stadt und Land von allem
Unkraut und aller Bosheit zu reinigen. (Hist. de
Aragon p. 170: „Perseguia este siervo de Dios los
Heregos, y gente sospechosa en la Fé con grandes
veras, resuelto de limpiar esta ciudad y Regno de
toda la zizaña y malezas, que en el se hallassen).
So kam es, dass er gar bald von den einen glühend
gehasst wurde, bei den andern aber sich den Ruf
eines unermüdlichen Verfolgers der Ketzer (acerrimus
persecutor haeresum) erwarb. Die von den Jesuiten
zu Antwerpen edirten Acta Sanctorum (Sept. V,
728 ff.) haben auch diesen Magister von Epila aufgenommen und hiebei die Denkschrift und den kurzen
Lebensabriss des Arbues benützt, welche beide bei
Gelegenheit seiner Seligsprechung zu Rom vorgelegt
worden waren. In dieser Denkschrift heisst es nun
über des Mannes inquisitorische Wirksamkeit: „Un-
erschrocken besorgte Arbues die Gerechtigkeit sowohl in dem Amte eines Inquisitors als in den übri-

gen ihm übertragenen Aemtern; er war in der Ver-
wicklung der Verhandlungen weder durch Thränen
noch durch Bitten zu erweichen, sondern theilte un-
erschütterlich jedem sein Recht zu. Ja er zeigte
sich als Glaubensrichter so bewunderungswürdig un-
beugsam und als solch heftiger Gegner der Häresie,
dass durch seinen Eifer und seine Sorgfalt in kurzer
Zeit viele Ketzer, Apostaten und Rückfällige die ver-
diente Strafe für ihre Verbrechen erhielten — ein
Zeichen der reichhaltigen Frucht und des evidenten
Nutzens, welcher damals und für die Zukunft aus
der Errichtung des heiligen Inquisitionstribunals in
jenen Reichen emporgesprossen sein musste". (Acta
SS. l. c. p. 732 f.: „Justitiam in eodem officio ac
aliis sibi injunctis intrepide administravit, in turbini-
bus causarum nec lacrymis nec precibus frangi patiens,
constanter jus suum cuique tribuendo.... In assumpto
munere et officio inquisitoris adeo mirabiliter magna
cum constantia se gessit, et accerrimus persecutor
haeresum apparuerit, ejusque diligentia ac solicitudine
brevi tempore multi haeretici, apostatae et relapsi de-
bitam suorum criminum poenam luerint, uberrimum
fructum et evidentem utilitatem demonstrando, quae
tunc et in futurum indies excrescere debuisset ex
ipsa erectione tribunalis sanctae inquisitionis in istis
regnis.")
   Die Acta Sanctorum nennen diese Eigenschaften
hervorragende Vorzüge, welche dem seligen (beato)
Inquisitor die Hochachtung aller Guten erwarben.
Anders freilich sahen dieselben die mit Tortur und
Feuer Bedrohten (die Acta SS. sprechen von dem un-
versöhnlichen Hass der Juden) an, denen „die unbesieg-

liche Standhaftigkeit des frommen Mannes und die heilige Strenge (sancta severitas)" so verderbenbringend waren. Sie begannen in nächtlichen Zusammenkünften über die Hinwegräumung der Diener des ihnen so missgünstigen Glaubenstribunals, zumal Arbues', zu debattiren. Einige von ihnen, erzählt Paramo, die den vornehmeren Ständen angehörten, beschlossen in geheimer Zusammenkunft, im äussersten Fall, wenn ihnen kein anderes Mittel zur Abwerfung dieser Tyrannei übriggelassen wäre, zur Tödtung der Inquisitoren zu schreiten. (De orig. inquis. p. 182: „De occidendis Inquisitoribus decernebant, illud tamen differendum esse, quousque nullus alius Inquisitionis evertendae suppeditaretur modus".) Es kamen nun verschiedentliche Warnungen an Arbues, er möge vor den zahlreichen Freunden und Verwandten seiner Opfer auf der Hut sein, sein Amt niederlegen oder von seiner Strenge abstehen. (Acta SS. l. c. p. 733 und 753.) Aber derselbe wurde hiedurch nicht im mindesten erschreckt und „bereit für Christum das Blut zu vergiessen, fuhr er fort nicht minder streng wie früher sein Amt zu verwalten" (l. c.). Es dünkte ihm sogar ein guter Tausch — wie die Acta Sanctorum (l. c. p. 733 u. 753) berichten — „aus einem schlechten Priester ein guter Märtyrer zu werden." Da hielten es die Verschwornen endlich an der Zeit, sich des blutdürstigen Verfolgers durch Mord zu entledigen. Die beiden Anführer der Mörder scheinen sich aus rein persönlichen Gründen zu dem Attentat gegen Arbues hergegeben zu haben; dem einen, Johann de Lavadia, hatte Arbues kurz vorher die Schwester zum schimpflichen Tode verurtheilt, dem andern, Johann Sperandius, aber

den Vater in den Kerker geworfen. (Acta SS. l. c.
p. 733 u. 753.) Und mit Recht haben die beiden Promotoren Rossi und Cerri bei dem Beatifications-
process (unter Alexander VII. i. J. 1661) diese That-
sachen gegen die Seligsprechung des Arbues geltend
gemacht und darauf hingewiesen, dass jéne beiden
Mörder nicht aus Glaubenshass, sondern aus persön-
lichem Rachegefühl, weil sie die Ihrigen für unschuldig
hielten, ihn getödtet hatten. Ein Versuch durch das
Fenster in das Schlafgemach des Inquisitors zu dringen,
wurde vereitelt; da entschlossen sich endlich die Mörder, nächtlicher Weile heimlich in die Kirche einzu-
dringen. Und als der Inquisitor zur Frühmette gekommen war und knieend vor dem Hochaltar und
dem Allerheiligsten betete, überfielen ihn die Ver-
borgenen und brachten ihm, „während er selbst in der
Recitation des englischen Grusses die Worte „Gebene-
deit sei die Frucht deines Leibes" sprach, zu wieder-
holtem Male eine tödtliche Wunde bei."' Zwei Tage
noch lebte er „Gott Dank sagend — wie es in den
Acta Sanctorum heisst, — dass er ihn gewürdigt für
die Vertheidigung des Glaubens den Tod zu erleiden";
dann entschlief er noch für seine Mörder betend am
17. September 1485. (Acta SS. l. c. p. 734.)

Kaum war das gegen Arbues verübte Attentat
entdeckt, als schon verschiedene Leute aus dem Volke
durch die Strassen stürzten und zu einem Gemetzel
wider die Neubekehrten, diesen Mördern des Inquisitors, aufforderten. (Vgl. Zurita, lib. XX. de los
Anales fol. 342.) Es wäre gewiss dazu gekommen,
wenn nicht der Erzbischof Alfons die ganze Stadt
durchritten und den aufgereizten Pöbel zurückgehalten

hätte. Deshalb aber blieb den Mördern die Strafe nicht erlassen. Die Mehrzahl der Verschworenen scheint zwar zunächst entkommen zu sein, ging aber doch im Laufe eines Jahres — durch höhere Fügung, wie Paramo andeutet, — zu Grunde; die andern, und darunter auch die beiden Rädelsführer, wurden theils geviertheilt und ihre Glieder an der Heerstrasse ausgestellt, theils verbrannt. (Vgl. Paramo, de orig. inquis. p. 183.) Mehr als 200 Menschen wurden zur Sühne für Arbues hingerichtet und noch weit mehr in den Kerker geworfen, alle nämlich, die der Theilnahme am Morde verdächtig oder auch nur Freunde der Uebelthäter waren. (Llorente Hist. crit. de l'Inquisition.) Ueberhaupt wurde der Tod Arbues' in der sorgfältigsten Weise von den Inquisitoren ausgenützt. Wenn der König zu Gunsten der Inquisition Dragonaden in Aragon veranstaltet oder dreissig Regimenter den Aragonesen ins Quartier gelegt hätte, so würde er damit nicht so viel ausgerichtet haben.

Der Tod Arbues' wurde nämlich der Anfang einer Reihe „frommer Betrügereien", an welchen die damalige glaubensselige Zeit so reich war. Man kann das damalige Spanien geradehin das Land der Wunder nennen; sie wuchsen wie die Pilze über Nacht; man konnte sie sozusagen auf Bestellung haben, und wer ihrer gerade bedurfte, dem versagten sie sich nicht leicht, und wurden ihm auch stets bereitwillig geglaubt. Dass auf diesem Gebiete alles möglich gemacht werden konnte, mag das einzige Beispiel beweisen, dass man es sogar wagen durfte, die heil. Jungfrau, welche man doch bis dahin immer „als die barmherzige und die ärgsten Sünder nicht zurückstossende Fürbitterin,

als das die göttliche Strafgerechtigkeit und Gesetzes-
strenge milderndo und erweichende Element in der
Religion betrachtet und verehrt," zur wunderthätigen
Patronin des härtesten, grausamsten und unerbittlich-
sten Tribunals, das jemals unter Menschen bestanden
hatte, zu erheben. Es war in Guadalupe, einem durch
sein Gnadenbild berühmten Städtchen, wo zur Legi-
timirung der Inquisition als eines Gott wohlgefälligen
Instituts „auf sehnlichsten Wunsch der Inquisitoren"
so viele Wunder sich einstellten, dass Sancho de la
Fuente, der eine der Inquisitoren, welcher sie auf-
zuschreiben unternommen hatte, endlich ermüdete und
sich mit 60 Mirakeln begnügte, welche die heil. Jungfrau „zur Bestätigung des heiligen Gerichts" — wie
Paramo sagt — in ganz kurzer Zeit wirkte. (Vgl.
Paramo l. c. p. 138.)

Das erste Wunder zur Verherrlichung des Märtyrers Arbues ereignete sich am Orte der That selbst.
Die Blutflecken in der Kirche waren nämlich bald
verschwunden oder unsichtbar gemacht (die Jesuiten
meinen: man habe sie hinweggewischt); aber um die
Zeit seines Begräbnisses wurden sie wieder sichtbar
und sah das Blut recht frisch aus. Das Volk kam,
rief: Wunder! (apud omnem populum communiter
illud pro evidentissimo miraculo reputabatur) tauchte
Tücher und Papierstücke in das nasse Blut; und es
verwandelten sich, wie versichert wird, diese Blutflecken
später in Rosen und andere röthliche Blumen. In
Folge dieses glücklichen Verlaufs der Sache, wiederholte sich das Wunder zwölf Tage später. Die Geistlichen in der Kirche verhüllten erst den in den Kirchen-
stühlen befindlichen Chorknaben die Köpfe, enthüllten

dann die mit einem wollenen Tuche bedeckte Stelle, wo früher das Blut gesehen worden, und — es war wieder frisch aussehendes Blut in ziemlicher Quantität da. Wieder wurde das Volk schnell herbeigerufen, das mit grosser Erbauung und nunmehr durchdrungen von der so augenscheinlich beglaubigten Gottwohlgefälligkeit der Inquisition, seine Tücher und Papierschnitzel abermals eintauchte. Selbst der Jesuit Mariana gesteht zu, es sei wohl das Volk nur zum Besten gehalten worden. (Acta SS. l. c. p. 735—737). Zugleich wurde das Gerücht verbreitet (Non magis scio, quam certis testimoniis nitatur prodigium aeris campani de Vililla), es habe in derselben Stunde, in welcher Arbues überfallen worden, die berühmte Glocke von Velilla (einige Meilen von Saragossa), die nach einer alten Sage jedesmal bei besonders wichtigen und tragischen Ereignissen sich hören liess, so gewaltig geläutet, dass die Stricke rissen, mit denen die Glockenzunge befestigt war. (Acta SS. l. c. p. 734.) Damit aber war die wunderthätige Kraft Arbues' noch lange nicht erschöpft. Bald kam es noch besser.

Einige Jahre nach dem Tode Arbues' fand sich der Priester Blasco Galvez bei den Inquisitoren von Saragossa ein und erklärte: Arbues sei ihm eines Tages früh um 7 Uhr, er wisse nicht mehr ob i. J. 1486 oder 1487, erschienen und habe ihn beauftragt, ihnen zu sagen, dass er (Arbues) jetzt grosse Herrlichkeit im Himmel geniesse, und dass auch ihnen zur Belohnung für ihre Mühewaltung am Glaubensgericht diese Seligkeit werde zu Theil werden. „Sie sollten nicht zweifeln, dass sie sehr wohl

gethan hätten, eine so grosse Anzahl von Menschen
den Flammen zu übergeben, denn alle bis auf einen
seien jetzt in der Hölle. Auch sollten sie die auf
der Landstrasse ausgestellten Glieder seiner hingerichteten Mörder hinwegnehmen und die Asche der
Verbrannten in den Ebro werfen lassen — wenn das
geschehen, werde nicht mehr so viel Hagelschlag in
Aragon erfolgen." (Diese Stelle der Denkschrift
wurde von den Bollandisten verschwiegen, ist aber
bei Llorente, Hist. crit. de l'inquis. I, 199, mitgetheilt.
Sind solche Worte, in den Mund eines Seligen und
Heiligen der Kirche gelegt, nicht der giftigste Hohn
auf Christi Lehre und Christi Himmelreich?) Und noch
einmal, und zum dritten und vierten Male treibt es
den seligen Arbues aus seinem Himmel zum be-
glückten Galvez; sein auf Erden so überaus grosser
Geschäftseifer lässt ihn selbst die himmlische Herrlichkeit nicht mit Ruhe geniessen. Das eine Mal
muss Galvez dem Erzbischof Alfons von Saragossa
nebst dem Königspaare Ferdinand und Isabella
kundthun, dass Gott ihnen zum Lohn für das hohe
Verdienst, die Inquisition errichtet zu haben, Glück,
langes Leben und die himmlische Seligkeit bestimmt
habe; nur sollten sie für die Fortdauer des hohen
Tribunals sorgen, namentlich alle Moriscos (die mu-
hammedanischen Einwohner) ohne Ausnahme und
ohne Schonung aus Spanien vertreiben. Das andere
Mal muss derselbe Galvez den Inquisitoren ihr Amt
als Ketzerrichter angelegentlichst anempfehlen; denn
eben durch solche Arbeiten habe er (Arbues) einen
Platz unter den Märtyrern in der ewigen Herrlichkeit
erlangt. Endlich lehrte diesen Galvez sein mächtiger

Gönner auch noch ein an ihn (Arbues) gerichtetes
Anrufungsgebet, welches jeden, der sich dessen be-
diene, vor der Pest sichere. Das interessanteste Stück
dieser nächtlichen Conversationen zwischen Arbues
und Galvez ist aber zweifelsohne folgendes: Galvez
ging nämlich in seiner übergrossen Höflichkeit gegen
seinen nächtlichen Gast einmal so weit, ihn einen
Heiligen zu nennen, — welches Compliment aber
dieser, ohne Zweifel aus Respect gegen die Congregation in Rom, die ja seine Canonisation damals
noch nicht ausgesprochen hatte, ablehnen zu müssen
glaubte, bemerkend: „er hoffe es erst zu werden."
(Acta SS. l. c. p. 740.) Die Wunder, welche sich mit
Arbues' Blut ereigneten, und diese denkwürdigen
Erscheinungen wurden aufs pflichtschuldigste proto-
kollarisch niedergeschrieben; auch wurde von Seite
der Inquisitoren dafür beste Sorge getragen, dass
vollständig beglaubigte Documente in Rom vorgelegt
wurden.

Die Geistlichen, an deren Kirche Arbues Canonicus war, sowie die Inquisitoren sorgten, dass auch
fernerhin es nicht an Wundern fehlte, die dem gottseligen Arbues zugeschrieben wurden. Bald wurde
er ein vielverehrter, besonders Brüche heilender Wun-
dersmann. Auch Todte erweckte er. Ein besonders
merkwürdiges Wunder widerfuhr dem Cardinal Xa-
viere, damals Professor zu Saragossa. Diesem nämlich entschwand plötzlich beim Besteigen der Kanzel
die Predigt, welche er zur Empfehlung der Cruzada
(d. h. der von jedem Spanier zu kaufenden Bulle,
die ihm reichliche Indulgenzen und Befreiung einer
beliebigen Seele aus dem Fegfeuer gewährte) hatte

halten wollen, aus dem Gedächtniss; aber siehe da,
als er zu Arbuos gerufen hatte: „Heiliger, Gebene-
deiter, wenn Du mir nicht in dieser Noth zu Hülfe
kommst, ist es um mich geschehen!" — fand er an
dem der Kanzel gegenüber befindlichen Grabmal desselben seine ganze Predigt wortwörtlich angeschrieben,
so dass er sie nur abzulesen brauchte. (Acta SS. l. c.
p. 741—747.) Aber so gnädig sich der Verklärte
seinen Verehrern erwies, so schwer nahm er es bei
denen, die sich nicht gerade viel aus seiner Wunder-
kraft machten. Ein Weib, das unbesonnen meinte:
es brauche den Magister Epila nicht, weil es nicht
am Bruch leide, — fühlte augenblicklich an jeder
Seite einen Bruch, an welchem Uebel sie nun — zum
abschreckenden Beispiel — zehn Jahre lang zu la-
boriren hatte. Klüger benahm sich ein Mann, der
durch eine ähnliche gotteslästerliche Rede die gleiche
Strafe des Heiligen sich zugezogen hatte; er begab
sich nämlich schleunigst zum Grabe des Wunderthäters
und wurde nun ebenso rasch wieder gesund. (Acta
SS. l. c. p. 743.) Der Grund, warum Arbues Wun-
derthäter werden musste, liegt auf der Hand. Diese
so glänzenden, von den Antwerpener Jesuiten so ge-
nau und gläubig berichteten Wunder sollten den Spaniern einleuchtend machen, dass die Inquisition eine
Einrichtung nach dem Herzen Gottes sei; sie sollten
den göttlichen Siegel der Grabinschrift beidrücken,
dass nämlich der heilige Petrus (Arbues) der festeste
Fels sei, auf den Gott sein Werk (die Inquisition) gestellt habe.

Man sieht, dass schon frühzeitig dafür Sorge getragen wurde, dass das Grab des gottseligen Inqui-

sitors sich als ein wunderthätiger Ort erwies und dass man dem Märtyrer die Verehrung nicht versagen durfte. Ferdinand und Isabella liessen dem Arbues, wohl in der richtigen Erwägung dass, wenn einmal sein Tod als ein Martyrium gelten solle, er eigentlich als der Märtyrer ihrer Kasse gefallen sei, ein marmornes Mausoleum auf ihre Kosten erbauen (Acta SS. l. c. p. 738 f.). Zwar erlangten die Aragonesen, welche die Absicht dieser so hoch getriebenen Verehrung des Inquisitors wohl durchschauten, eine päpstliche Bulle, welche die Entfernung des Grabmals aus der Kirche empfahl, allein Arbues' Nachfolger, der Inquisitor Garcia, nachher Bischof von Barcelona, liess diese Bulle für erschlichen erklären und mit den Sanbenitos der hingerichteten Mörder wie eine Trophäe auf dem Grabdenkmal befestigen (Paramo l. c. p. 183). Man ging sehr bald noch weiter. Die Seligsprechung nämlich und dann auch die förmliche Canonisation des Märtyrers der Inquisition wurde nun die grosse Angelegenheit der Könige und Inquisitoren. Vorerst wurde das Grab durch geweihte Lampen illustrirt; im Jahre 1490 wurde demselben von der Bürgerschaft ex voto wegen Beendigung der Pest, die zu Saragossa gewüthet hatte, eine silberne geschenkt. Die Verehrung des frommen Mannes wurde, da hiegegen mehrfache Proteste eingelegt worden waren, von Papst Innocenz X. als unter die Ausnahmefälle des Decrets von Urban VIII. fallend erklärt.

Der erste Process über das Martyrium des Peter Arbues wurde schon 1490 formulirt. Die Beatifikation selbst betrieben Carl V. und die spanischen Könige

Philipp III. und Philipp IV. aufs eifrigste. Auch die Canonici zu Saragossa baten; und sehr gründliche Untersuchungen über ihn und sein Grab wurden in Spanien durch eine päpstliche Commission angestellt. Schien es doch nur billig zu sein, dass, nachdem die italienisch-päpstliche Inquisition schon längst ihren Märtyrer und Patron an dem canonisirten Pietro di Verona erhalten hatte, der spanischen Schwesteranstalt der gleiche Vorzug nicht vorenthalten werde. Hatte doch schon der weiter oben erwähnte Martin Garcia in einer Rede erklärt: sowie zwei Apostel in der Kirche seien, einer im Osten, Petrus, und einer im Westen, Jacobus, so seien auch zwei Märtyrer und Inquisitoren in der Kirche: einer im Osten, Petrus von Verona, der andre im Westen, Petrus von Saragossa, welche beide für den Glauben gestorben seien. Alexander VII. machte endlich Ernst mit der Seligsprechung des Mannes. Dieser Akt, wie der des in Volhynien erschlagenen Polen Josaphat von Poloczk, bezüglich dessen zur selben Zeit in Rom Unterhandlungen gepflogen wurden, stiess zwar auf Widerspruch, indem die Promotoren den bedenklichen Einwurf machten, dass weder der eine noch der andere für den Glauben gestorben sei, letzterer einzig darum, weil er einen nicht-unirten Priester eingekerkert hielt: aber die mit der Angelegenheit betraute Congregation achtete desselben nicht, approbirte das Martyrium nebst den oben aufgezählten Wundern des Arbues und fertigte das Decret hierüber aus; denn die Anwälte der beiden Erschlagenen wussten zu erweisen, dass sich doch bei genauester Analyse ein gewisses Interesse des Glaubens in die zwei Kata-

strophen mit eingemengt habe. Die in allerjüngster
Zeit (1867) erfolgte Heiligsprechung desselben Inquisitors ist wohl nur die volle Consequenz des ersten
Aktes; sie liefert aber zugleich auch den jedes wahr-
haft christliche Gemüth tief erschütternden und be-
trübenden Beweis, dass die katholische Kirche von
damals, in ihrer Vertretung durch den Papst und seine
Curie, noch heute dieselbe ist, so dass sie, wenn es
in ihrer Kraft stünde, dem Institut der Inquisition
mit allem, was drum und dran ist, wider Ketzer
und Freidenker eine reellere Rehabilitation in der
Werthschätzung der Kirche gerne geben würde, als
ihr durch Canonisation des Peter Arbues möglich zu
machen gestattet war.

Aber nicht blos die Kirche hat in unserm Jahrhundert ihrem eifrigen, vor Henkersarbeit und Blut-
strömen nicht zurückschreckenden Diener eine Ehren-
prämie zuerkannt; dieser Canonisationsakt erhielt auch
eine künstlerisch vollendete Illustration durch Meister
v. Kaulbach. Freilich will diese Illustration zur
Idee einer Canonisation nicht passen; doch daran ist
nicht Kaulbachs Pinsel schuld, sondern einzig und
allein der Charakter des Amtes, in dessen voller Ausüb-
ung begriffen der Heilige dargestellt ist. Er ist aus der
Pforte des Inquisitionspalastes, an dessen Fronte sich
recht charakteristisch eine Statue der gebenedeiten
Jungfrau, dieser Trösterin der Betrübten, zeigt, heraus-
getreten, um eine Schaar Ketzer in Empfang zu
nehmen, welche durch zwei Spione in Mönchshabit
ihm zugeführt worden sind. Ihm zu Füssen liegen
neben der Biblia sacra, diesem Beweisinstrument
aller Ketzer, die confiscirten Goldbeutel, Schmuck-

sachen und aus edlem Metalle gefertigten Gefässe;
gierige Hände beschäftigen sich bereits mit der Hinwegräumung dieser Kostbarkeiten. Im Hintergrunde
— für die Gefangenen wahrlich eine bitter schmeckende
Tröstung auf ihr kommendes Schicksal — zeigt sich
der brennende Holzstoss, hoch über demselben an
Pfähle gebunden bereits abgeurtheilte Leidensgefähr-
ten, den Tod durch die züngelnden Flammen er-
wartend. Im weiten Kreis aber um den flammenden
Scheiterhaufen prozessioniren Psalmen singend mit
brennenden Kerzen in der Hand fanatische Mönchge-
stalten — hinter dem Bildniss des Gekreuzigten, der
noch am Kreuze dem reuigen Sünder die Aufnahme
ins Paradies verheissen und seinen Jüngern die Fein-
desliebe zur heiligsten Pflicht gemacht hatte.

Habsucht, Blutgier, Gefühllosigkeit, religiöser
Mechanismus und Fanatismus umrahmen und durch-
dringen das Amt eines Inquisitors, der stets in der
einen Hand das Crucifix, in der andern das Fol-
terwerkzeug und den Mordstahl hielt. Der heilige
A r b u e s d e E p i l a steht — mag er in seiner Art
auch ein recht frommer Mann gewesen sein — auf
keiner edleren, des wahren Christenthums würdigen
Charakterhöhe; darum fehlt auf dem Bilde K a u l b a c h s
der Hauptfigur auch der ihm vom Papst und seiner Curie
so freigebig und in so unkritischer Weise zugespro-
chene Heiligenschein; er fehlt ihm mit vollem Rechte,
denn was vor Allem zur Heiligkeit des Charakters
gehört, das kann der ganzen Natur der Sache nach
ein Inquisitor der beschriebenen Qualität unmöglich
haben, — eine lautere evangelische Frömmigkeit
nämlich, ein von dem Motiv der Liebe Gottes und

des Nächsten geleitetes Thun. Der Inquisitor und seine Freunde vermögen ihre religiösen und sittlichen Begriffe allenfalls aus dem Koran, aber sicherlich nicht aus der Lehre Christi und der Apostel zu schöpfen.

Ueber den Gott wohlgefälligen Charakter der spanischen Inquisitionstribunale geben die statistischen Notizen unwiderlegliche Aufschlüsse. Die Zahlenhöhe der unter Torquemada's Principat Hingerichteten, wie sie Llorente angegeben hat, ist beispielsweise zwar bestritten worden; einige Zahlen lassen sich jedoch mit Sicherheit angeben, da sie sich schon bei den Zeitgenossen und den jener Zeit zunächststehenden Geschichtsschreibern Garibay, Zurita, Mariana, Paramo finden. Nach den Angaben des Letztgenannten, dem als Inquisitor das Archiv des Gerichtes offen stand, wurden in der Stadt Sevilla allein in 40 Jahren (1480—1520) über 4000 verbrannt, über 30000 als „Bussfertige" zu verschiedenen Strafen des Kerkers, der Galeeren und der öffentlichen Beschimpfung verurtheilt. Da die zahlreichen Entwichenen alle als „Hartnäckige" verurtheilt wurden, damit ihr Vermögen der königlichen Kasse zufliesse, so stieg die Zahl der Strafurtheile in der Diöcese Sevilla allein auf Hunderttausend und darüber, wie neben Paramo (l. c. p. 140) auch Zurita angibt. Vom Grossinquisitor Bischof Diego de Arce Reynoso (1643—1665) berichtet der Secretär der Inquisition in Toledo als Biograph dieses Mannes, dass in diesen 22 Jahren 16 Autos und 300 Autillos (Autos mit geringerer Feierlichkeit) gehalten und in diesen über 13000 zu verschiedenen Strafen verurtheilt, nebstdem

aber mehr als 12000 jüdische Familien verbannt
worden seien. Bei dem grossen Auto zu Madrid
(1680) handelte es sich um 119 Verurtheilte, von
denen 19 persönlich, 34 im Bilde verbrannt worden
sind. Längere Zeit hindurch war die Zahl der Ver-
storbenen, deren Gebeine ausgegraben und verbrannt
wurden, fast ebenso gross als die der lebendig Verbrannten. Es lag das im Interesse des königlichen
Fiskus, dem das Vermögen der Todten mit Ent-
erbung ihrer Familien zufiel.

Die Behauptung Llorente's und Anderer, dass
das spanische Volk das Joch des heil. Officiums stets
mit äusserstem Widerwillen ertragen habe, ist nicht
richtig. Den unter der Herrschaft des Officiums heran-
reifenden Generationen prägte man ein, dass dasselbe
ebenso nothwendig als heilsam sei, dass der heilige
Zweck der Reinheit des Glaubens ohne dieses Mittel
nicht erreicht werden könne, und dass die spanische
Nation gerade in dieser Reinheit des Glaubens allen
übrigen Völkern voranleuchte. Jede Machtvergrösser-
ung, jeder Sieg wurde der sichtbar auf Spanien und
seinem heiligen Officium ruhenden Gnade Gottes zugeschrieben. Und da von denen, die einmal in den
Händen des Tribunals sich befunden und mit Leben
und Freiheit davon gekommen waren, Keiner eine
Mittheilung über das, was ihm widerfahren, machen
durfte, wollte er nicht sogleich wieder eingezogen
werden, so wurde die Ungerechtigkeit und Grausamkeit des Verfahrens nicht einmal ruchbar. Zugleich
verstanden es — wie bereits früher angedeutet — die
Machthaber und Inquisitoren den durch acht Jahrhunderte des Glaubenskampfes grossgezogenen fana-

tischen Zug im Charakter der Nation wider Juden und Moslims in Mitleidenschaft zu ziehen.

Am 31. März 1492 gleich nach der Eroberung von Granada erfolgte infolge des Vorgebens Torquemada's, die ungetauften Juden verführten die Neuchristen zum Judaisiren, die Austreibung aller Juden, die sich nicht taufen lassen wollten, aus ganz Spanien, mit dem Verbote, ihre Baarschaft mitzunehmen. So zwischen Taufe und trostloses Exil gestellt, wählten doch nur wenige das Erstere, weil die Aussicht, als Neuchristen unter dem Gerichtsbanne der Inquisition zu leben und zu sterben, zu abschreckend war. Gegen 800,000 Juden wanderten aus, von denen die meisten elend zu Grunde gingen.

Auch die noch weit zahlreichere moslimische Bevölkerung der Halbinsel sollte ihrem Schicksal nicht entgehen. Ein Grund, die Verträge, auf welche hin sie sich unterworfen und welche ihnen ihre Religion und Gesetze gewährleisteten, war bald gefunden und herbeigeführt, worauf den Moriscos nur die Wahl zwischen Auswanderung nach Afrika und Taufe gelassen wurde. Auswanderung aber unter den damals in Spanien gesetzten Bedingungen war für viele sicherer Untergang, für fast alle Verarmung; dennoch zogen 80,000 fort, während etwa 70,000 sich zur Taufe bequemten. Diesen Befehl verschärfte das Edikt vom 14. Februar 1502. Das Raffinirte mag schon daraus hervorleuchten, dass die Auswanderer ihre Kinder unter 14 Jahren und ihr Gold zurücklassen mussten. Spanien wimmelte von da an von getauften Scheinchristen. Auf massgebender Seite verbarg man sich's wohl nicht, dass zahllose Sacrilegien die Folge solcher

Massregeln werden müssen, dass eine grössere Ent-
würdigung und ein frevelhafterer Missbrauch der Sakra-
mente sich nicht wohl denken lasse, als der sei, den
sie mit vollem Bewusstsein für Hunderttausende herbei-
führen; allein was hatte man sich darum zu kümmern?
— handelte man doch dem päpstlichen Systeme gemäss und mit voller päpstlicher Billigung — zum Vortheil des königlichen Fiskus, der Folterkammern und
der lodernden Scheiterhaufen.

Es bestätigte beispielsweise Clemens VII., der
früher schon Carl V. von seinem Eide, die Verträge
mit den Mauren zu halten, entbunden hatte, durch
eine eigene Bulle, was immer gegen sie geschehen
mochte. Das Joch einer dreifachen Bedrückung und
Verfolgung, einer kirchlichen, bürgerlichen und mili-
tärischen, lastete schwer auf den Moriscos, als im
Jahre 1568 Philipp' II. Decret, das ihnen auch ihre
Sprache verbot, eine neue Empörung zum Ausbruch
brachte. Es folgte ein unsäglich erbitterter, beider-
seits mit schauderhafter Grausamkeit geführter Kampf,
der das Land um Granada zur Wüste machte und die
Moriscos in jenen Gegenden grossentheils ausrottete,
aber auch 60,000 Spaniern das Leben kostete. Im
Ganzen jedoch war die Zahl derer aus den Moriscos,
die der Inquisition zum Opfer fielen, weitaus nicht so
gross, als man nach der Menge der Hinrichtungen der
Neuchristen aus dem Judenthum hätte erwarten sollen.
Das Tribunal wusste ihnen eben nicht recht beizukom-
men, denn sie brachten ihre Kinder zur Taufe, gingen
Sonntags zur Kirche und liessen sich vorpredigen, was
man wollte; keiner verrieth den andern. Da ihnen
deshalb das Glaubenstribunal nicht recht beikommen

konnte, obwohl sich Niemand über die Aeusserlich-
keit ihres christlichen Bekenntnisses einer Selbst-
täuschung hingab, — beschäftigte man sich fortwährend
mit der Frage, wie in dieser Sache wirksamer verfahren werden könne. Der Erzbischof Ribera von
Valencia fand endlich das Mittel (1602): die Vertreibung
der gesammten maurischen Bevölkerung aus Spanien.
Sie seien freilich, schrieb er dem Könige Philipp III.,
der nüchternste, sparsamste, arbeitsamste und daher
auch der wohlhabendste Theil der Bevölkerung, ihre
Grundherren (und natürlich auch der Staat) bezögen
ein sehr ergiebiges Einkommen von ihnen, aber dies
Alles sei nur ein Grund mehr, sie zu verbannen. Dem
fortgesetzten Andringen Ribera's und seiner Genossen
gab Philipp III. endlich (1609) nach, doch schrack
er vor der Verantwortung zurück und übergab die
Ausführung des Beschlusses seinem allwaltenden Mi-
nister Lerma, der nach Ribera's Vorschlägen die
Mauren erst gänzlich berauben liess (sie durften weder
Geld noch Wechsel mit sich nehmen) und dann nach
Afrika hinübertrieb.

Um die protestantische Lehre, die sich im Stillen
in ein paar Städten ausgebreitet hatte, auszurotten,
genügten vier grosse Autodafés in Valladolid und Sevilla (1559 und 1560), in denen einige der vornehm-
sten Männer und Frauen und einige der gelehrtesten
Theologen Spaniens den Flammentod starben.

Zu verschiedenen Malen wurden Versuche mit
grossen Anerbietungen an den königlichen Fiskus gemacht, um eine Aenderung der drückendsten, für die
Opfer des Tribunals verderblichsten Gesetze und Ver-
fahrungsweisen zu bewirken. Zweimal boten die

Christen israelitischer und maurischer Abkunft dem
Kaiser Carl V. ungeheure Geldsummen (800,000 Gold-
gulden) an, wenn er nur anordnen wolle, dass die
Namen der Zeugen den Angeklagten genannt würden.
Aber die Generalinquisitoren wussten den Kaiser, der
schon einmal dazu geneigt war, wieder davon abzu-
bringen. Noch im Jahre 1608 berichtete der vene-
tianische Gesandte Priuli, dass, wenn der König nur
in die Entfernung der Sanbenitos mit ihren infamiren-
den Inschriften aus den Kirchen willigen wollte, ihm
dies eine sehr grosse Summe Goldes eintragen würde.
Es geschah nicht. Nur Leo X. nahm einmal einen
ernsten Anlauf, das ganze Institut neu umzugestalten.
Es war dies einer der gefährlichsten Momente für
das Tribunal während seiner ganzen Geschichte. Als
nämlich die Cortes von Aragonien, Catalonien und
Castilien mit ihrem Gesuche um Reformirung des in-
quisitorischen Verfahrens mit der Phrase abgefertigt
wurden, es sei des Königs Wille, dass die päpstlichen
Decrete über die Inquisition unverbrüchlich beobachtet
würden, da versuchten die Stände den Papst zu ge-
winnen und — wie es anfänglich schien, — mit dem
besten Erfolge. Leo X. erklärte (1520), dass täglich
aus allen Gegenden Klagen über die Habgier und
Nichtswürdigkeit mancher Inquisitoren an ihn ge-
langten, weshalb er Enthebung der bisherigen Inquisitoren, Ersetzung derselben durch Canonici und
Einführung des gemeinrechtlichen Processverfahrens
verfüge. Dies wäre in der That eine an Vernichtung
grenzende Umwandlung gewesen; allein der Hof in
Spanien erfuhr zeitig die Sache, und ehe noch die
päpstlichen Breven ankamen, wies Carl V., welcher

glaubte, dass der Papst nur aus Eigennutz und durch die hohen Geldanerbietungen der Cortes gewonnen, gegen die Inquisition vorgehe, seinen Gesandten an, diesem zu erklären, dass ihm der Kaiser in Sachen der Inquisition nicht gehorchen werde. Der Papst, der gar sehr des jungen Kaisers bedurfte, gab nach; und so war die letzte Hoffnung einer durchgreifenden Aenderung geschwunden.

Anderthalb Jahrhunderte lang (1550—1700) stand die spanische Inquisition in ihrer vollen Blüthe und entwickelte nach allen Seiten hin und auf den verschiedensten Gebieten des menschlichen Lebens ihre Macht und ihren überwältigenden Einfluss, fortwährend getragen von der Gunst der Päpste. Namentlich hatte die Inquisition um jene Zeit an den Jesuiten eine auserlesene Schaar von Vertheidigern erhalten. Sie übertrafen darin noch die Dominikaner, obgleich sie nicht so thätigen Antheil an ihrem Geschäfte nahmen. Unermüdlich waren sie im Preise des Instituts, seiner Vortrefflichkeit und Unentbehrlichkeit. Suarez, der gefeiertste spanische Theologe des Ordens, empfahl, solche, welche dogmatisirten, d. h. ihre Meinungen anderen mittheilten, auch wenn sie widerrufen und alles geleistet hätten, doch dem weltlichen Arme zur Verbrennung zu überliefern; denn dies erfordere „die Gunst des Glaubens." Unter der habsburg'schen Dynastie war und blieb die Inquisition Herr und König der spanischen Nation. Mit dem Beginne der burbonischen Dynastie änderte sich dies. Philipp V. verzichtete zum Erstaunen der Spanier auf den ihm zugedachten Genuss eines Autodafés. Trotzdem misslang der Versuch, den die vorübergehend am spanischen Hofe mächtige Prinzessin Orsini in Verbindung mit dem kühnen Macanaz, der früher selbst ein Vertheidiger der Inquisition gewesen, unternahm, nämlich das Tribunal zu reformiren oder durch Rückgabe seiner Gewalt an die Bischöfe aufzuheben, — so vollständig, dass die Prinzess nicht blos gestürzt, sondern die Autos und Autillos in neuen Aufschwung kamen. Erst unter Ferdinand VI. und Carl III. brach die Morgenröthe einer besseren Zeit an.

Was endlich waren die Folgen der Inquisition in Spanien? Die nächste und natürlichste war die weite Verbreitung der Heuchelei, ein Scheinwesen und Ceremoniendienst, ein Wetteifer in geräuschvollem kirchlichen Mechanismus ohne jede innere religiöse Ergriffenheit. Die rohesten Formen einer an Idolatrie und Polytheismus grenzenden Superstition wurden von der Inquisition nicht nur nicht angetastet, sondern geradezu gepflegt. Die Religion, welche sonst bestimmt ist, die natürliche Wildheit und Härte im Menschen zu brechen, war für den Spanier mit den Vorstellungen von Kerker, Folter und Scheiterhaufen verbunden; er sah die Priester, sonst die Boten der Gnade und Verzeihung, als unerbittliche Richter, als Verkündiger von Todesurtheilen, als Henker. Noch niemals vielleicht hatte sich in der Geschichte christlicher Völker ein so widerwärtiger Wechsel von Paroxysmen, kirchlicher Andacht mit Scenen thierischer Wollust und tigerartiger Mordgier, gezeigt. In Philipp II, diesem modernen Tiberius, hat Spanien sein Muster eines Inquisitions-Christen. Er lebte in stetem Ehebruch und wechselte seine Maitressen nach Laune, er war überlegter Lügner und Mörder, aber

an unermüdeter Theilnahme an allen kirchlichen
Feierlichkeiten wurde er von Niemanden übertroffen.
Ganz Spanien war voll von seiner Frömmigkeit und
seiner Hingebung an den Papst, der ihn seinen theuer-
sten Sohn und die Säule der katholischen Kirche
nannte; und mit Bewunderung wiederholte man das
Wort, welches Philipp beim grossen Autodafé zu Valladolid gesprochen, dass er selbst das Holz zum Scheiterhaufen zutragen wolle, wenn sein Sohn häretisch würde.
Alle schlechten Eigenschaften des spanischen
Nationalcharakters, schonungslose Grausamkeit, Habgier, falscher Stolz und Pochen auf eingebildete Vorzüge mit Verachtung und Vernachlässigung der wahren
socialen Tugenden, blinder Racenhass, Lust zum
Müssiggang, wurden durch die Inquisition gepflegt und
weiter gesteigert. Die Spanier offenbarten damals
diesseits und jenseits des Oceans, wessen eine unter
der Herrschaft der Inquisition und im Widerscheine
ihrer Scheiterhaufen herangewachsene, zu erbarmungs-
loser Härte und kalter Grausamkeit gegen Anders-
gläubige förmlich erzogene Generation fähig sei.
Denn damals hatte man bereits die Autodafés als
regelmässig wiederkehrende öffentliche Unterhaltungen
betrachten gelernt, bei welchen, da sie lange dauer-
ten, Erfrischungen für die Inquisitoren und das schau-
lustige Publikum umhergereicht wurden und dieses
Publikum sich enttäuscht und verstimmt fühlte, wenn
ihm etwa einmal nur Ein Ketzer auf dem Scheiterhaufen zum Besten gegeben wurde.
Nur in Spanien war es möglich, dass die An-
kunft einer jungen Königin mit einem Autodafé ge-
feiert oder die Melancholie eines kränklichen Königs

(Carl' II.) durch den Anblick der lodernden Scheiterhaufen zu verscheuchen versucht wurde, dass es sich
die Granden und Barone zur Ehre rechneten, bei der
Execution als Schergen (Alguazils) Dienste zu leisten,
— nach dem Beispiel jenes castilianischen Königs,
des hl. Ferdinand, welcher mit eigenen Händen Holz
zu den Scheiterhaufen der Ketzer herbeigetragen
hatte. Bedarf es wohl der Bemerkung, dass die Inquisition dem freien Aufschwung des Geistes in der
Wissenschaft höchst verderblich wurde? Spanien hatte
einen mächtigen geistigen Aufschwung in der Literatur
genommen — um die Zeit der Einführung der Inquisition. Und wenn die schlimmen Wirkungen dieses
Instituts auch anfänglich nicht gleich nackt zu Tage
traten, so blieben sie doch nicht aus. Um die Zeit
der Thronbesteigung Philipp' III. war die geistige
Blüthe bereits geknickt. Die Geschichtschreibung sank
wieder zur Chronik herab, die Naturwissenschaft und
Mathematik blieben ganz vernachlässigt, biblische und
kirchenhistorische Studien waren unmöglich geworden,
nur scholastische Philosophie und Theologie wucherten
in bänderreichen Werken fort. Die besseren Köpfe
warfen sich auf die Poesie, wobei man noch am mindesten Gefahr lief. Ein Blick auf die Geschichte
Spaniens lehrt, wie nichts mehr geeignet ist, ein un-
sägliches, bis in ferne Generationen fortwirkendes
Unheil über ein Volk zu bringen, als eine corrum-
pirte Religion und damit harmonirende Theologie.

Die Canonisation des Peter Arbues hat be-
wiesen, mit welch' sehnsüchtigen Augen der Bischof
von Rom und eine hab- und herrschsüchtige Curie
auf jene Zeiten zurückblicken, in welchen die Inqui-

sition „blutig roth" geblüht hatte und zur „gold"-gelben Frucht herangereift war. Aber die Wünsche dieser geistlichen Macht sind — Gott sei Dank! — nicht mehr die Wünsche der Völker; denn diese haben die Kerker und Fesseln des Geistes zerbrochen; der freie Gedanke aber hat aus der Nacht das Licht gerufen und ein neuer Tag der Weltgeschichte ist aufgegangen. Mag auch der Lichtgeist mit dem Geist der Finster-niss noch zu ringen haben: wer glaubt an den Vater des Lichts und zweifelt an seinem Siege?

Druck von C. R. Schurich in München.